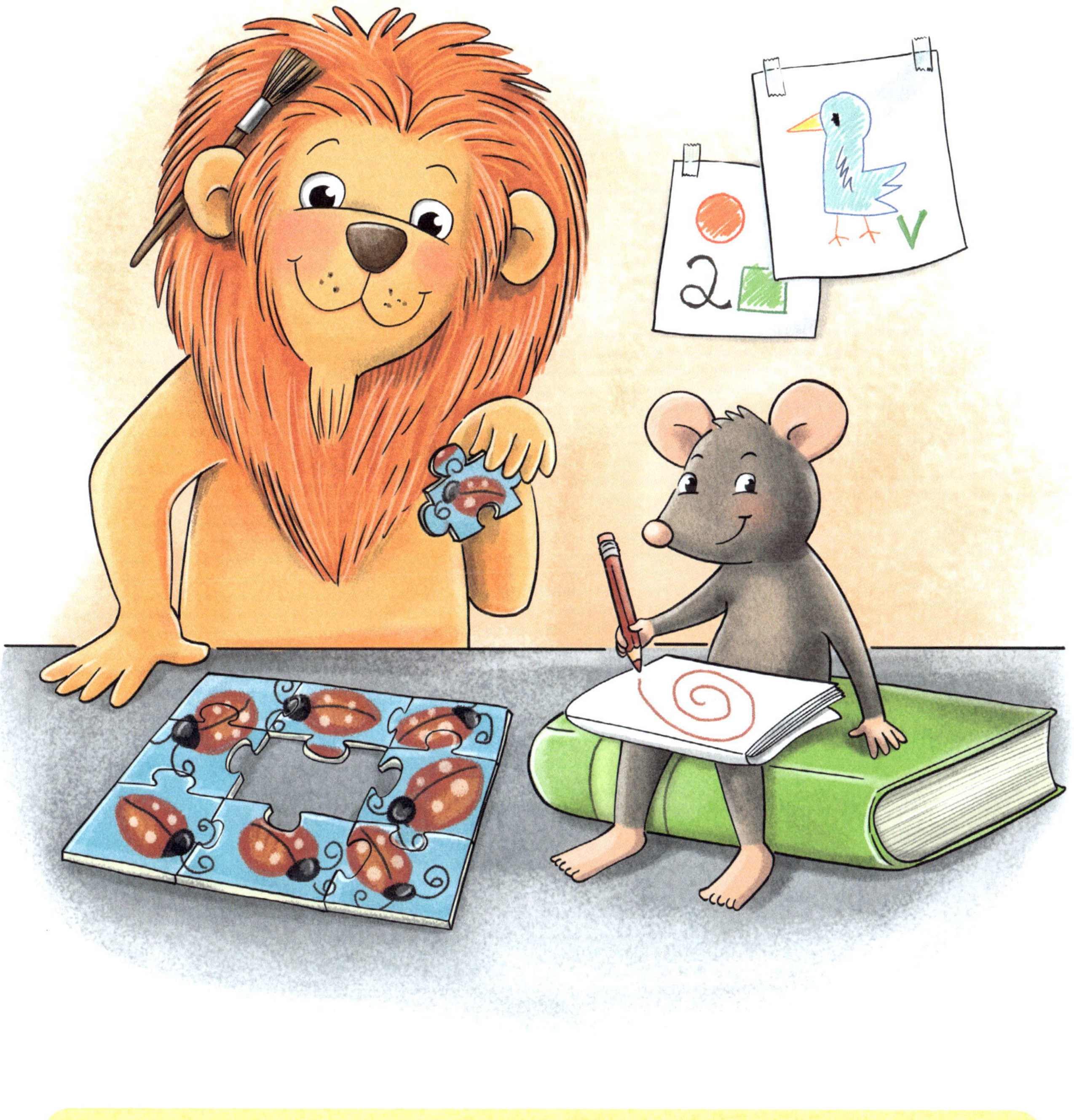

Hallo, wir sind Mimi und Leo und würden gerne mit dir ein paar Aufgaben machen. Hast du Lust dazu?

Leo hat sich ein Muster ausgedacht.
Kannst du es weitermalen?

1
2
3
4

Wem gehört welcher Drachen?
Folge den Linien und finde es heraus.

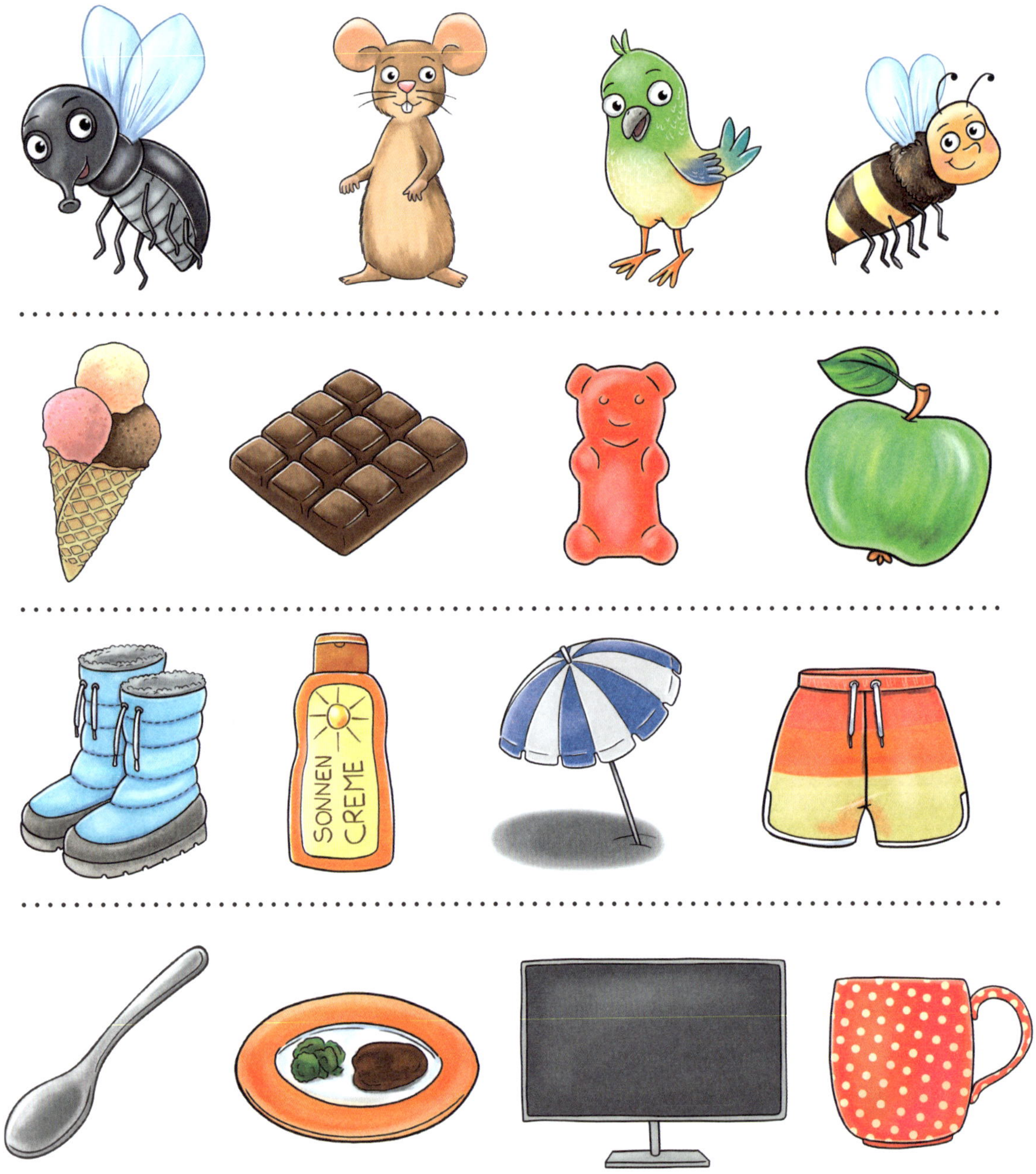

In jeder Reihe hat sich etwas eingeschlichen, das nicht dazugehört. Streiche den falschen Gegenstand durch.

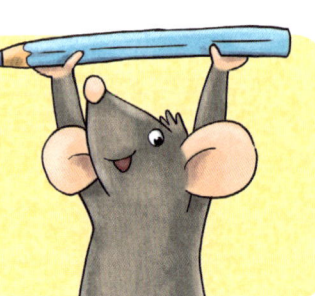

Acht Dinge sind im unteren Bild falsch.
Finde sie und kreise sie ein.

Diese Tiere sind in Wirklichkeit unterschiedlich groß. Verbinde von klein nach groß.

Bringe die Bilder in die richtige Reihenfolge!

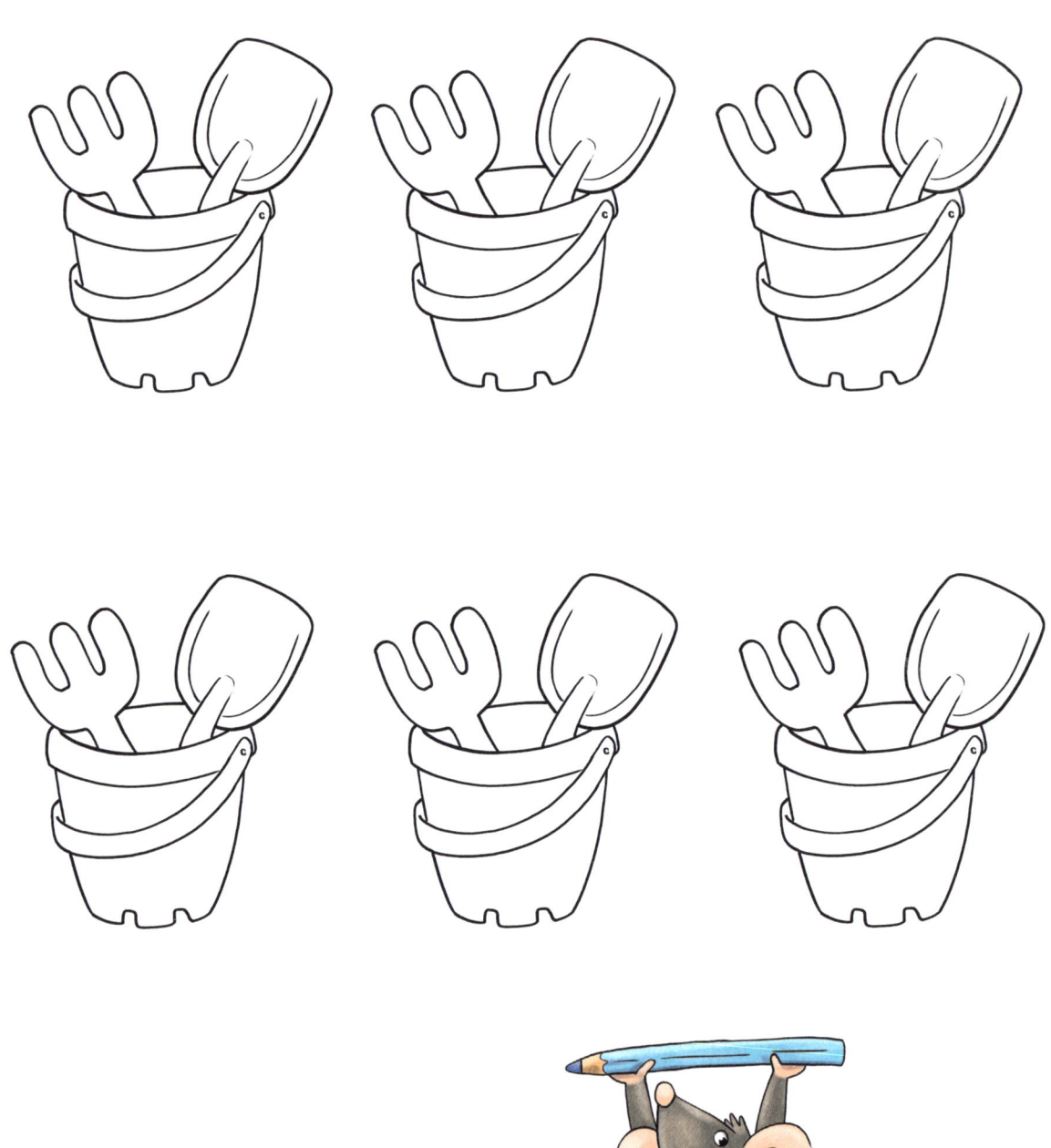

Male alle Eimer mit ihrem Inhalt so an,
dass alle unterschiedlich aussehen. Verwende für
jeden Eimer die Farben Gelb, Grün und Rot.

Oje, Leo hat sich verlaufen.
Kannst du ihm helfen, den Weg zum
Stadion zu finden?

Was ergibt zusammen ein neues Wort?
Verbinde die Bilder miteinander.

Leo hat in seinem Einkaufskorb zwei gelbe Bananen, drei rote Äpfel und vier Pflaumen. Welcher ist der richtige Korb?

Moment mal, hier ist doch einiges falsch.
Finde die fünf Fehler und kreise sie ein.

Mimis Buntstifte sind abgebrochen und sie kann nicht weitermalen. Hilfst du ihr?

Male alle Tiere, die fliegen können, grün an, und alle Tiere, die im Wasser leben, blau.

Welchen Weg muss Mimi nehmen, um den Nachbarskatzen nicht zu begegnen? Kannst du ihr helfen?

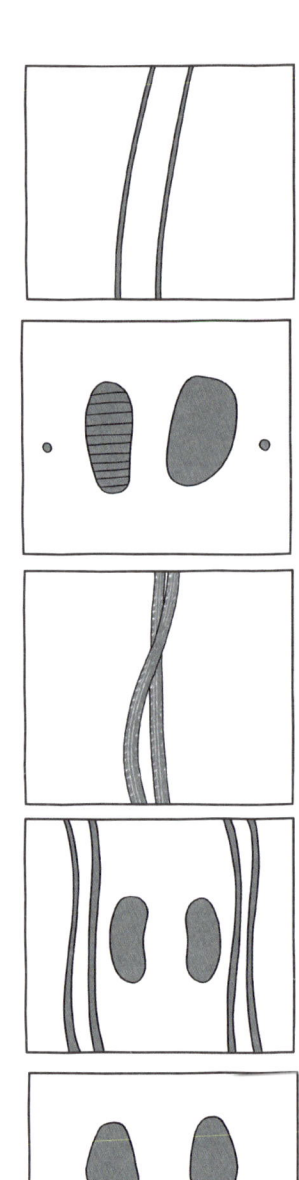

Wer hat welche Spuren hinterlassen?

Was gehört zusammen?
Verbinde die Paare miteinander.

Hoppla, Mimi ist gestolpert und hat ein paar Dinge kaputt gemacht. Verbinde die Scherben mit dem jeweiligen Gegenstand.

In jeder Reihe hat sich bei einem Bild ein Fehler eingeschlichen. Kannst du ihn finden?

19

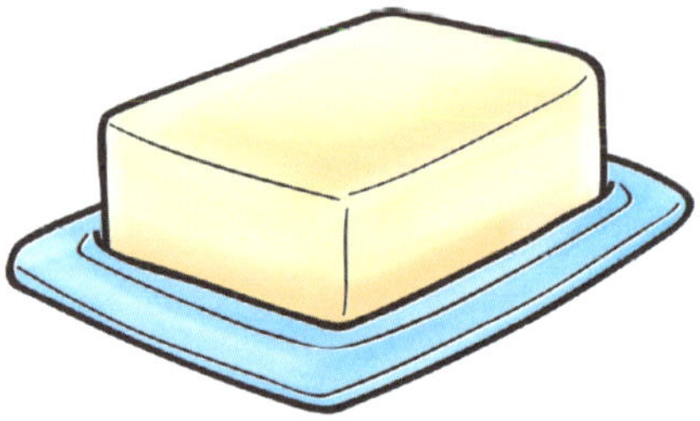

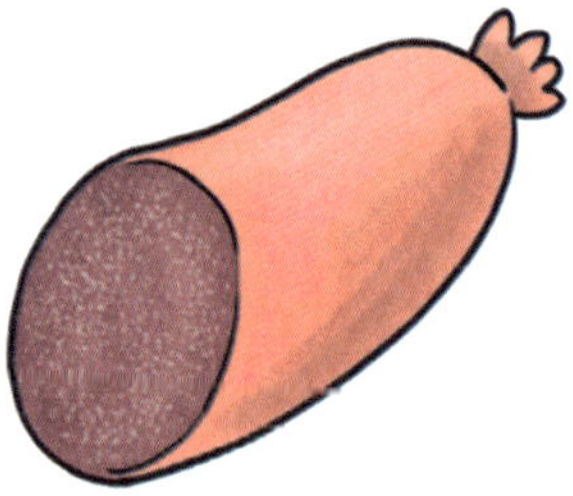

Kreise alle Dinge, die von Tieren kommen, orange, und alles Gemüse grün ein.

Sieben Dinge sind im unteren Bild falsch.
Finde sie und kreise sie ein

Leo überlegt, welche Farbe jeweils in die leeren Kästchen gehört. Achte darauf, dass die Farbe in jeder Reihe nur einmal vorkommt.

Zehn Marienkäfer krabbeln auf den Blättern herum.
Sie haben unterschiedlich viele Punkte auf ihrem Rücken.
Verbinde sie von 1 bis 10.

Mimi mag es gerne kühl und Leo warm. Beide haben sich einige Dinge ausgedacht. Male alle Dinge, die kalt sind, blau an, und alle, die warm sind, rot.

Von jedem Ball gibt es genau zwei Stück.
Von einem sogar drei. Findest du ihn?

Bringe die Bilder in die richtige Reihenfolge!

Jede Ente hat ein passendes
Schattenbild. Suche es und verbinde es
mit der richtigen Ente.

Diese Fahrzeuge sind in Wirklichkeit unterschiedlich groß. Verbinde von klein nach groß.

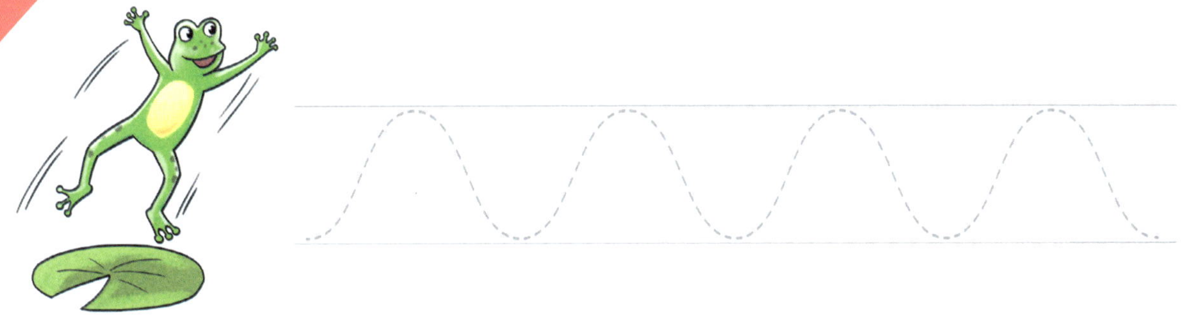

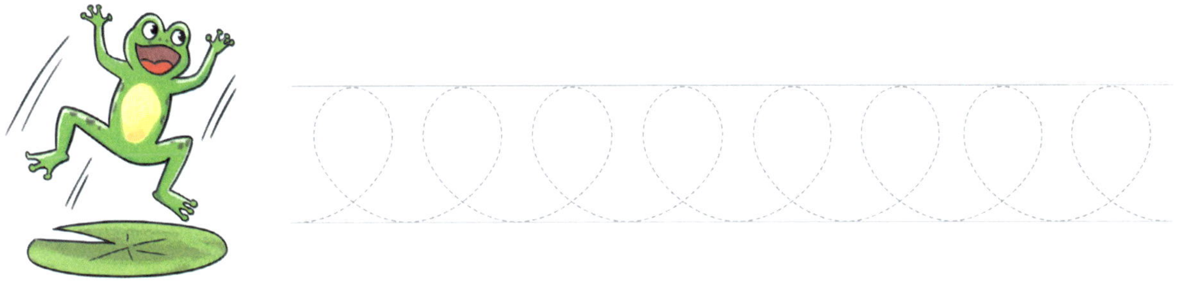

Auf dem Froschteich findet heute ein Wettspringen statt. Kannst du die Sprungwege nachzeichnen?

Leo hat ganz schön viel Unordnung gemacht.
Hilfst du ihm, aufzuräumen? Verbinde die
Schuhe. Welche Paare bleiben übrig?

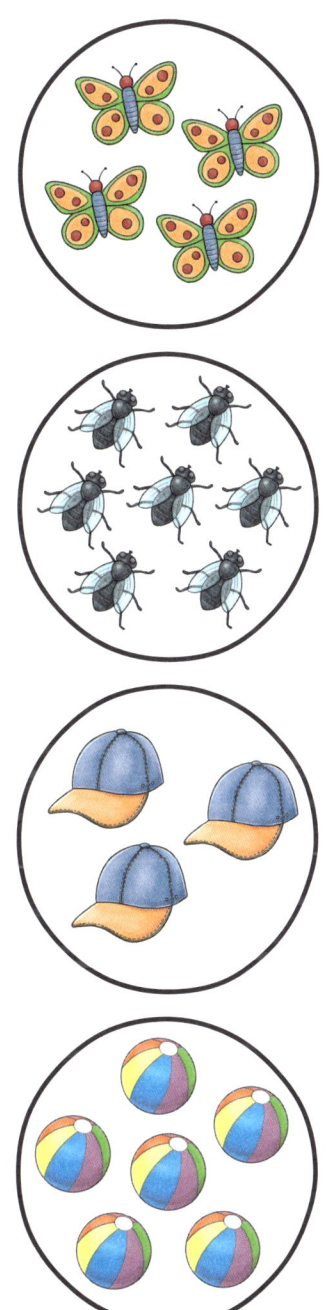

Verbinde die Kästchen, in denen dieselbe Anzahl von Dingen ist.

Zwei Geschenke sehen genau gleich aus.
Finde sie und kreise sie ein.

Welches Bild hat keinen Partner?
Kreise es ein.

Acht Dinge sind im unteren Bild falsch.
Finde sie und kreise sie ein.

Was gehört zusammen?

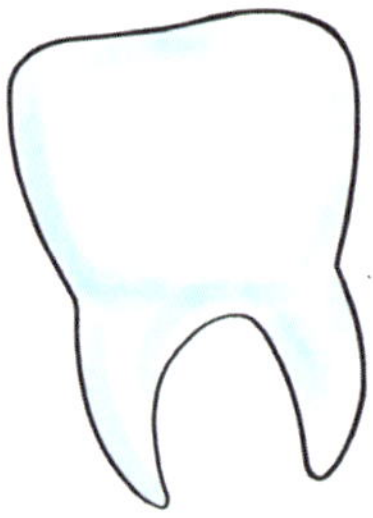

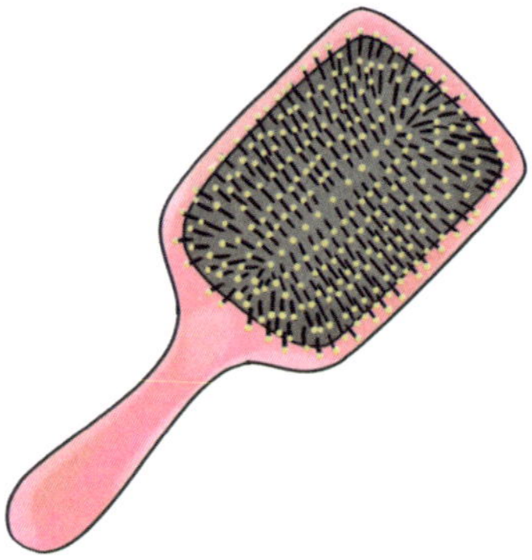

Was ergibt zusammen ein neues Wort?
Verbinde die Bilder miteinander.

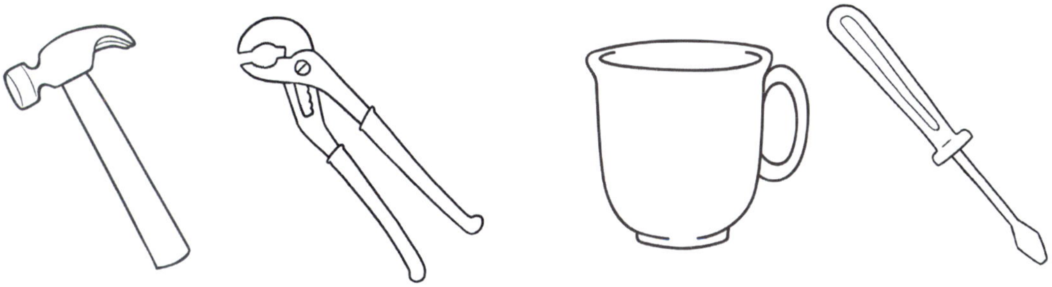

In jeder Reihe hat sich etwas eingeschlichen, das nicht dazugehört. Male
den falschen Gegenstand farbig an.

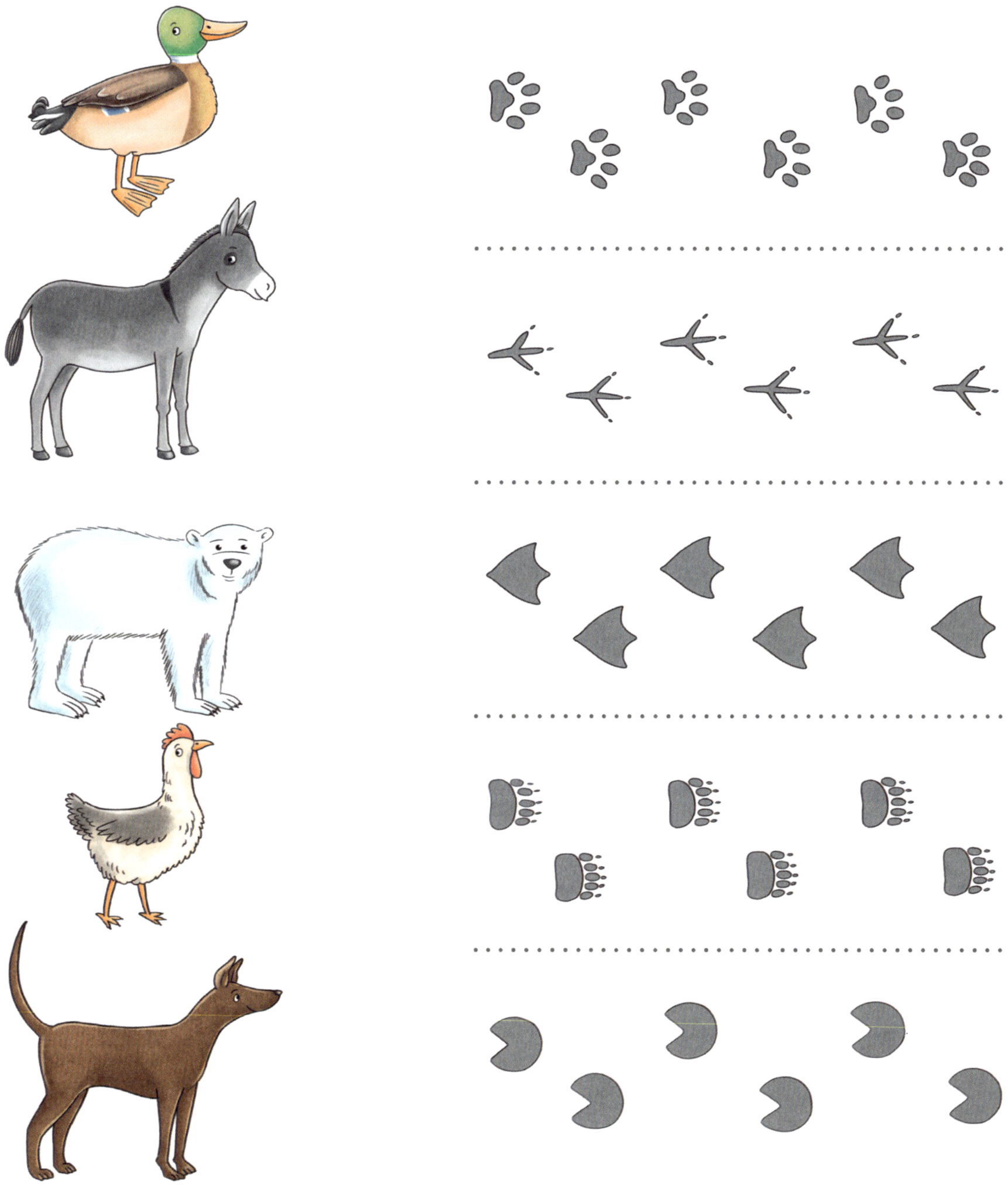

Wer hat welche Fußspuren hinterlassen?

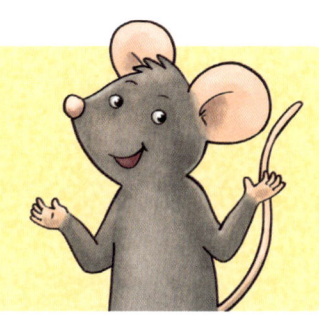

Moment mal, hier ist doch einiges falsch.
Finde die sechs Fehler und kreise sie ein.

Mimi und Leo wollen einen Kuchen backen. Dafür brauchen sie von allen Zutaten genau neun Stück. Wie viele Dinge müssen sie noch besorgen?

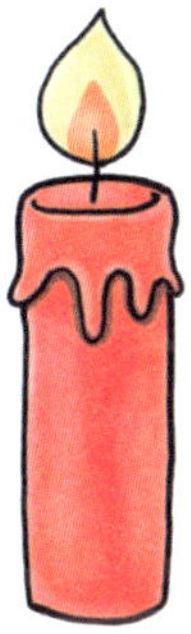

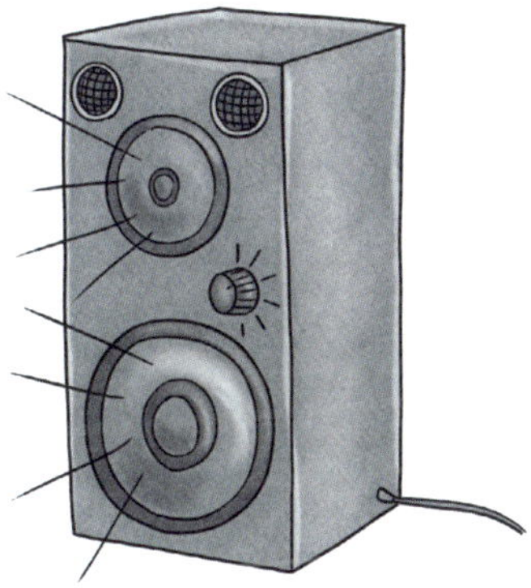

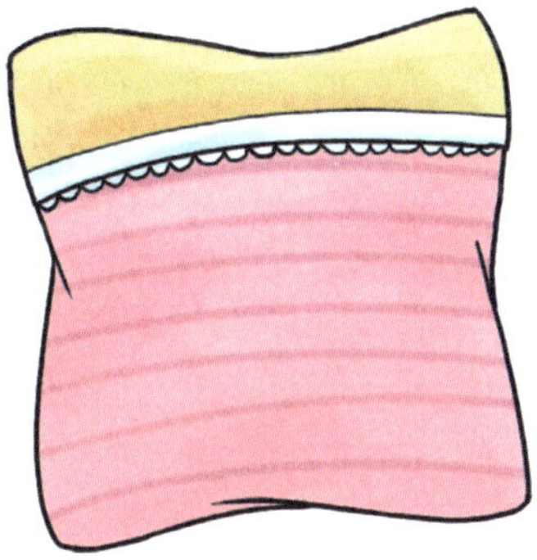

Mimi überlegt, welche Dinge Lärm machen können. Dabei hat sie aber ein paar Fehler gemacht. Streiche durch, was leise ist.

Finde die Gegensätze und verbinde sie miteinander.

Neun Dinge sind im unteren Bild falsch.
Finde sie und kreise sie ein.

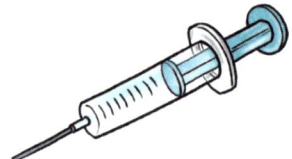

Welcher Beruf braucht welchen Gegenstand?

Was gehört zu einem Taucher?

Bringe die Bilder in die richtige Reihenfolge!

Was hat die gleiche Form? Verbinde die Gegenstände mit der jeweiligen Form.

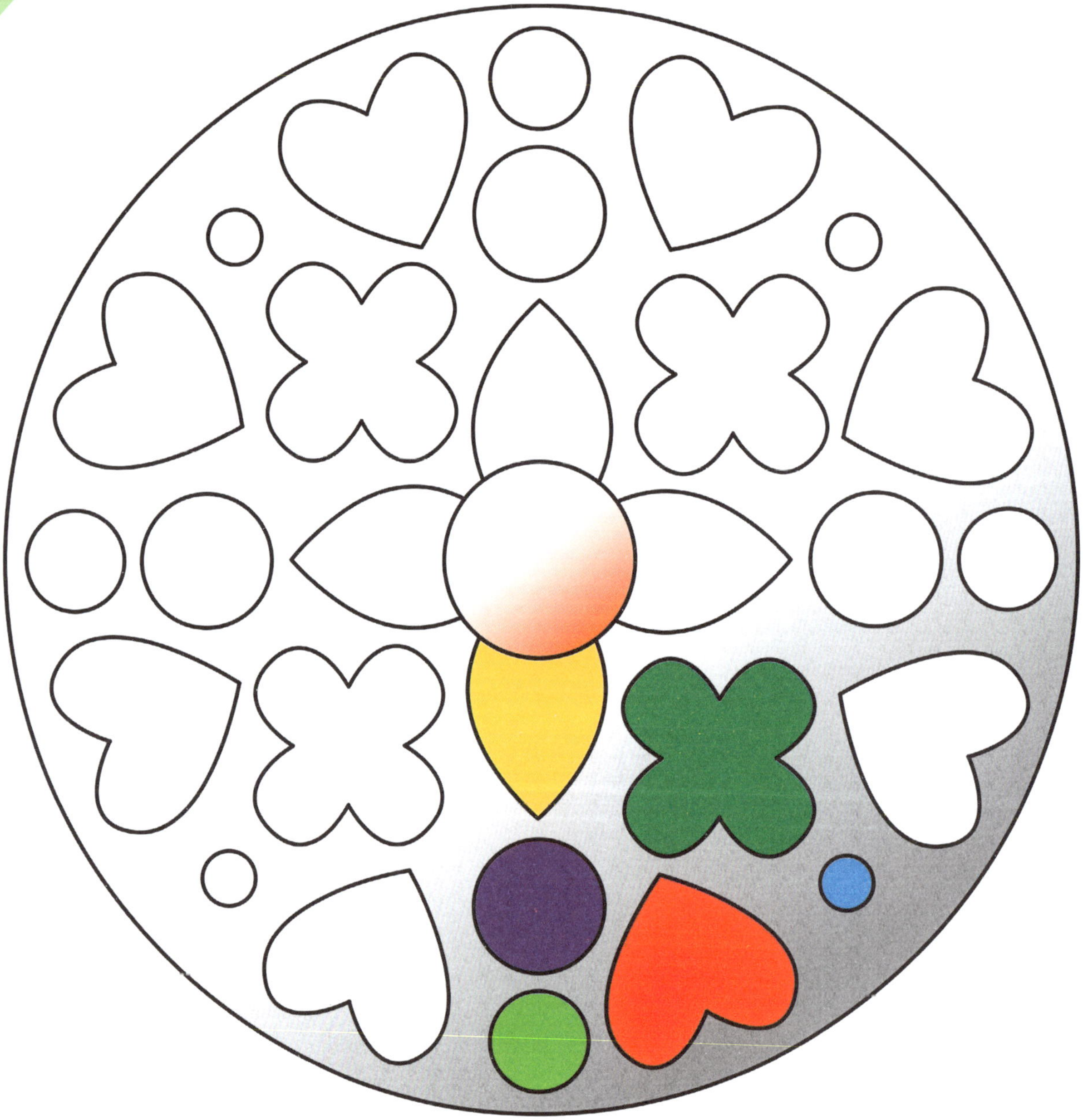

Mimi hat sich ein Mandala
ausgedacht. Magst du ihr helfen und
es fertig ausmalen?

Welcher Gegenstand gehört Leo?
Folge den Linien und finde es heraus.

Drache Dragomir hat heute besonders gute
Laune und macht die wildesten Flugübungen.
Kannst du seine Flugwege nachzeichnen?

Male alle Seepferdchen, die nach links schwimmen, rot an, und alle, die nach rechts schwimmen, grün.

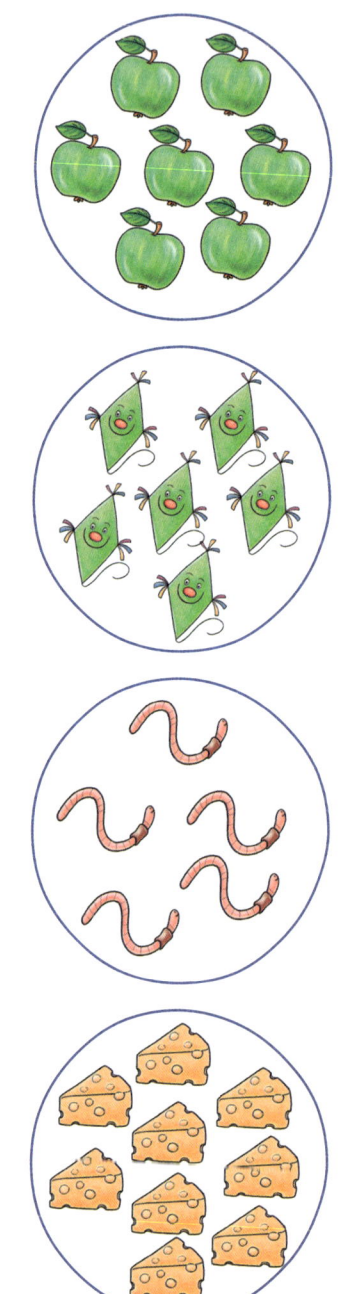

Verbinde die Kästchen, in denen dieselbe Anzahl von Dingen ist.

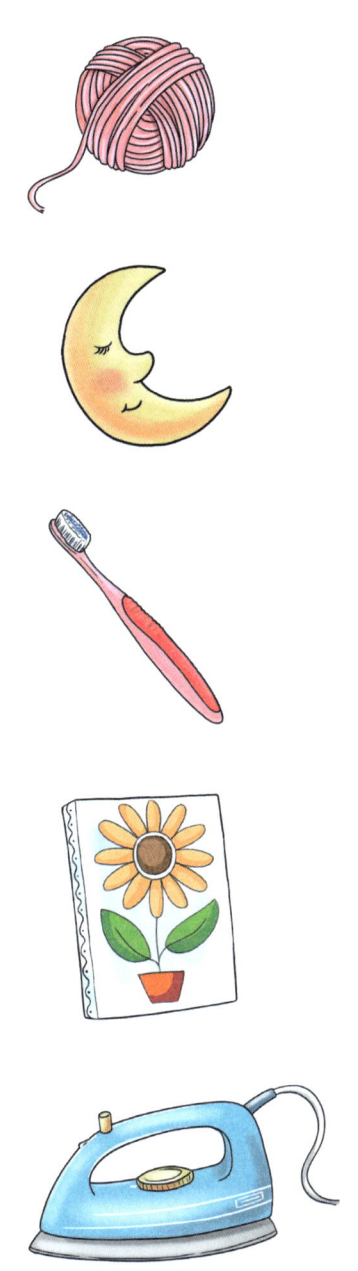

Was gehört zusammen?
Verbinde die Paare miteinander.

53

Mimi hat alle ihre Schleifen hervorgeholt. Dabei fällt ihr auf, dass sie eine Schleife zweimal hat. Kreise sie ein.

Mimi und ihre Mäusefreunde spielen Verstecken. Kannst du Mimi helfen, ihre Freunde zu finden? Wie viele sind es?

Neun Dinge sind im unteren Bild falsch.
Finde sie und kreise sie ein.

Leo hat beim Skateboardfahren
ein paar Kunststücke geübt. Welches
Schattenbild zeigt ihn? Kreise ein.

Sieh dir das Muster genau an und male es unten nach.

Mimi und Leo sammeln Murmeln und
möchten von jeder Farbe acht Stück haben.
Wie viele müssen sie noch besorgen?

Leo ist fast fertig mit seinem Puzzle.
Nur noch ein Teil fehlt, aber welches ist
das richtige?

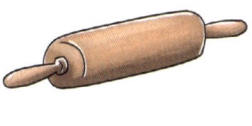

Wo haben sich die Dinge auf dem Bild
versteckt? Kannst du sie finden?

Male alle Drachen so an, dass sie unterschiedlich aussehen. Verwende für jeden
Drachen die Farben Lila, Blau und Orange.

Wer hat mehr – Mimi oder Leo?
Kreuze jeweils an.

Welches Symbol gehört jeweils in die leeren Kästchen. Achte darauf, dass das Zeichen in jeder Reihe nur einmal vorkommt.

Zwei Papageien sehen genau gleich aus.
Finde sie und kreise sie ein.

Ojemine, Mimi möchte Fernsehen gucken, allerdings hat sie alle Kabel total verknotet. Welches ist das richtige? Folge den Linien.

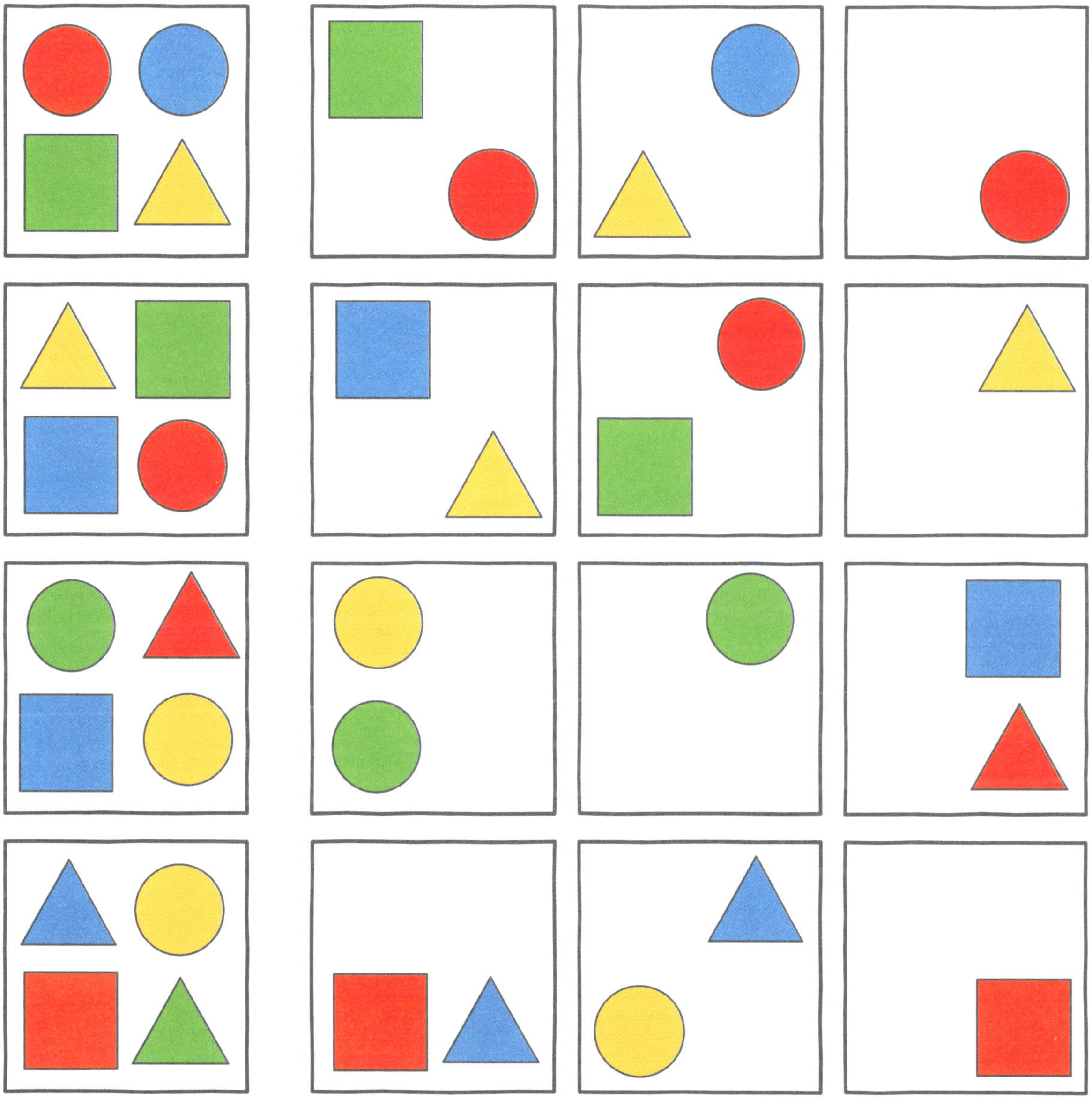

In jeder Reihe fehlen einige Gegenstände.
Schau genau hin und male sie dazu.

Bringe die Bilder in die richtige Reihenfolge!

Was ergibt zusammen ein neues Wort?
Verbinde die Bilder miteinander.

Neun Dinge sind im unteren Bild falsch.
Finde sie und kreise sie ein.

In jeder Reihe hat sich etwas eingeschlichen, das nicht dazugehört. Streiche
den falschen Gegenstand durch.

Seite 1

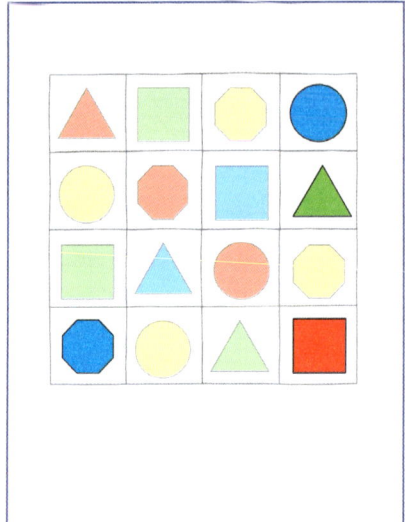

Seite 2

Seite 3

Seite 4

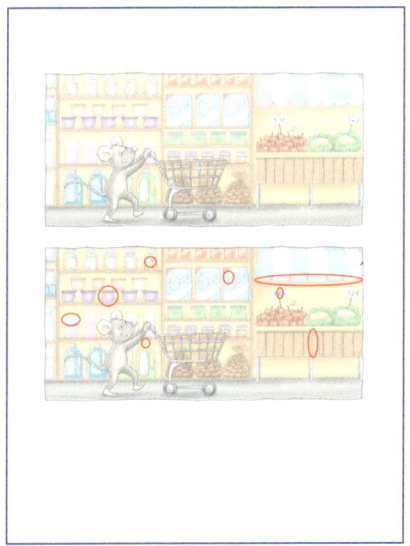

Seite 5

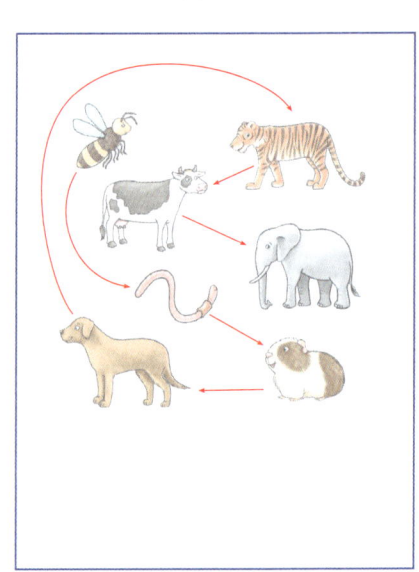

Seite 6

Seite 7

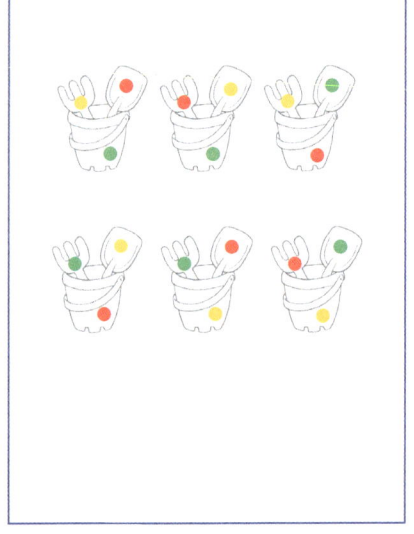

Seite 8

Seite 9

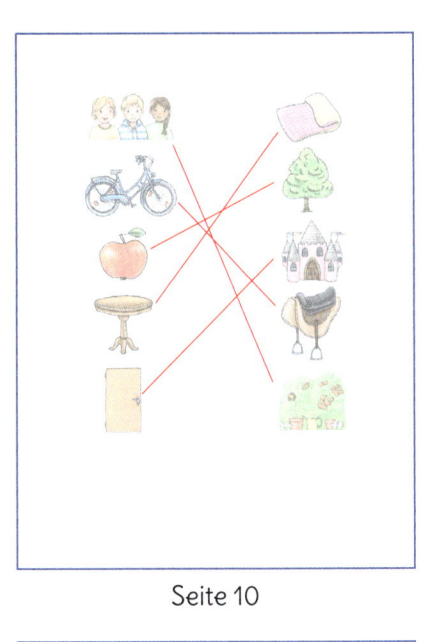

Seite 10

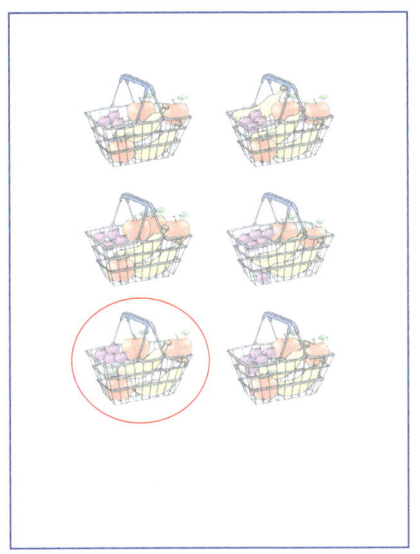

Seite 11

Seite 12

Seite 13

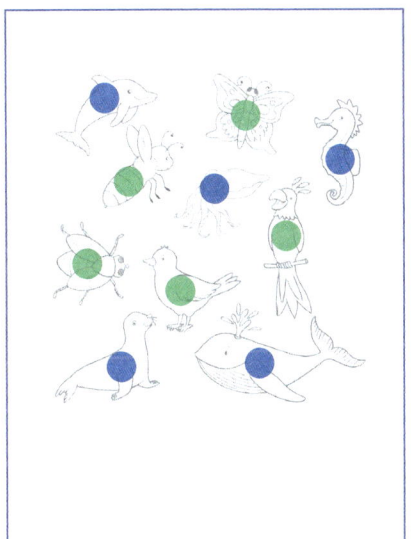

Seite 14

Seite 15

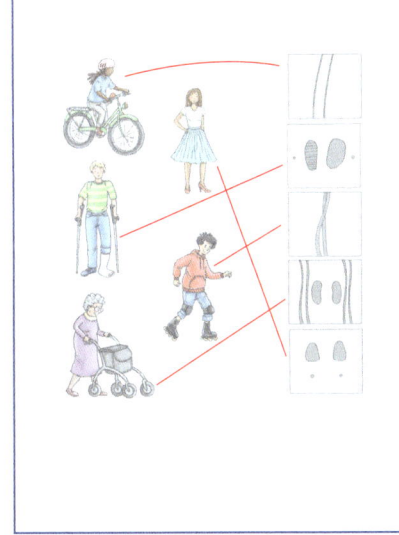

Seite 16

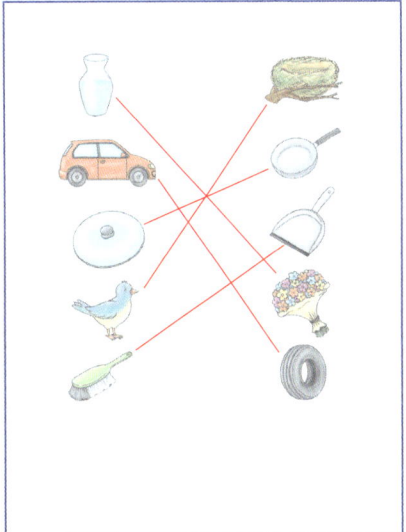

Seite 17

Seite 18

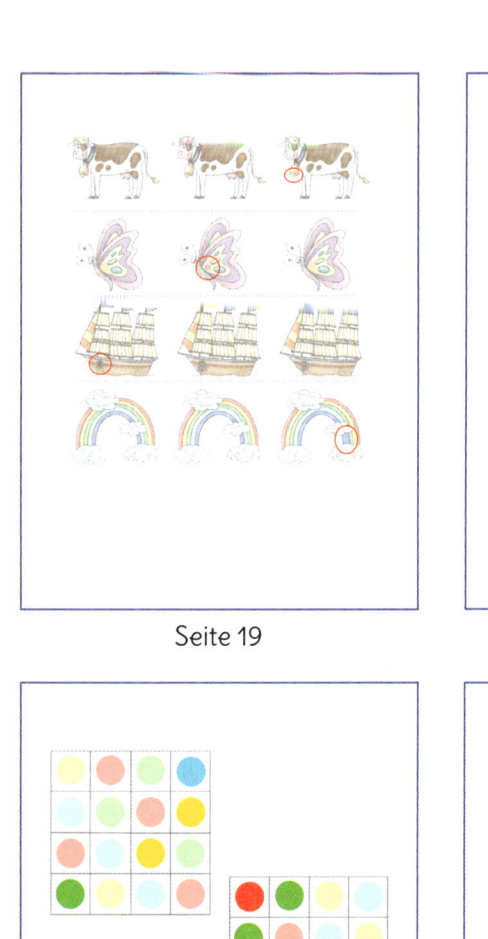

Seite 19

Seite 20

Seite 21

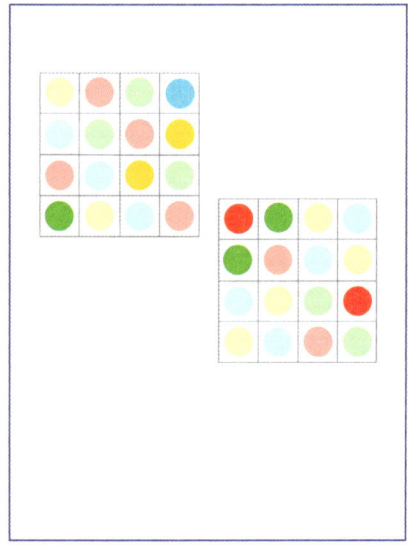

Seite 22

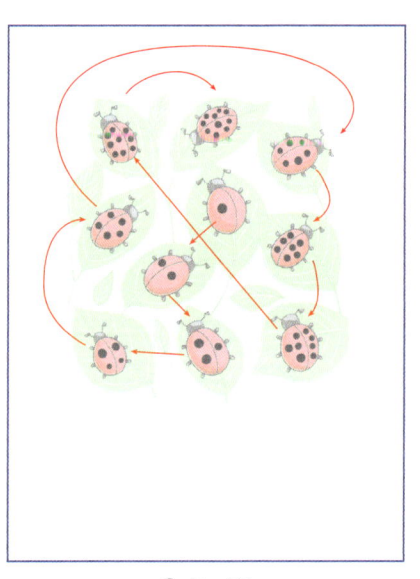

Seite 23

Seite 24

Seite 25

Seite 26

Seite 27

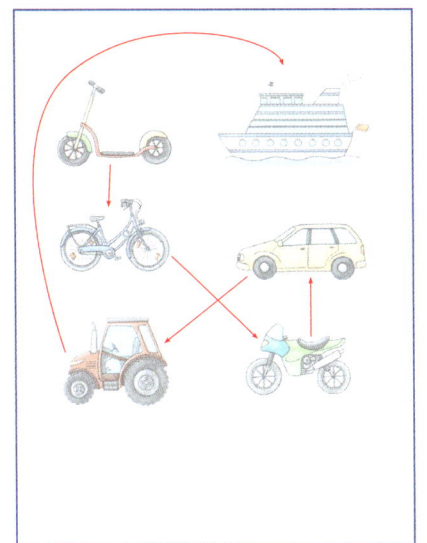

Seite 28

Seite 29

Seite 30

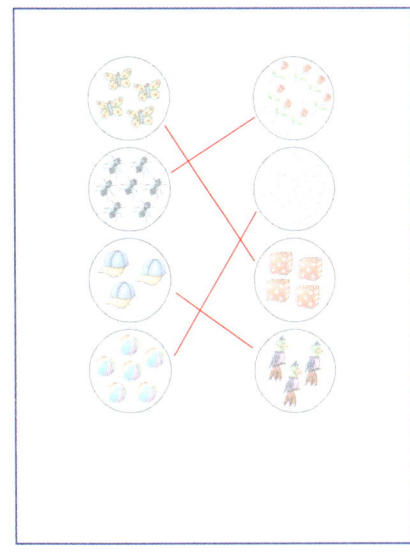

Seite 31

Seite 32

Seite 33

Seite 34

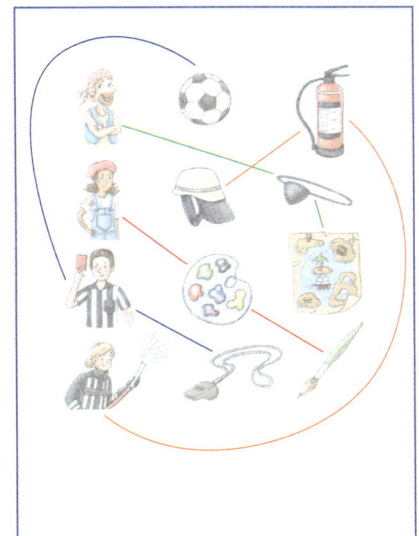

Seite 35

Seite 36

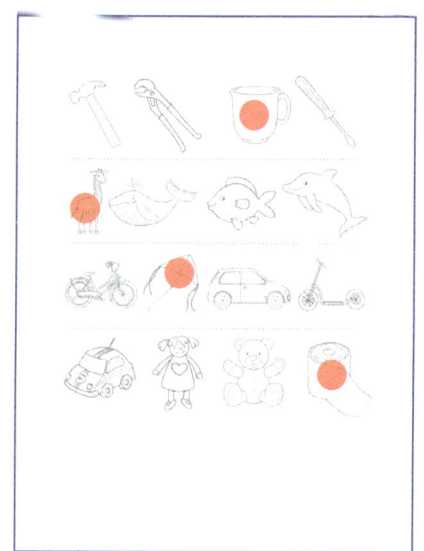

Seite 37

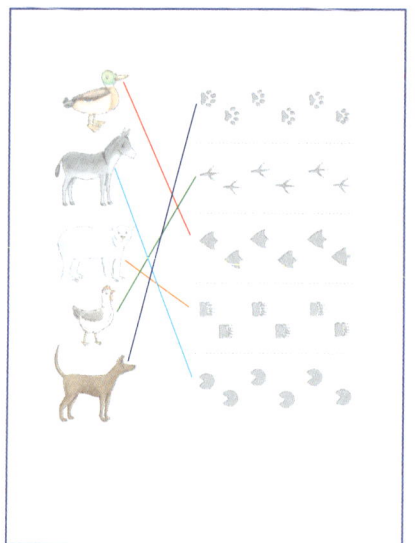

Seite 38

Seite 39

Seite 40

Seite 41

Seite 42

Seite 43

Seite 44

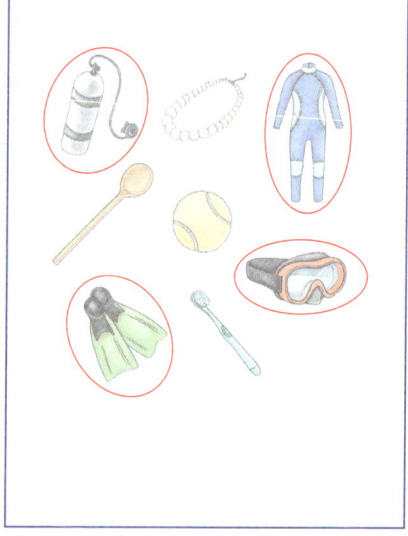

Seite 45

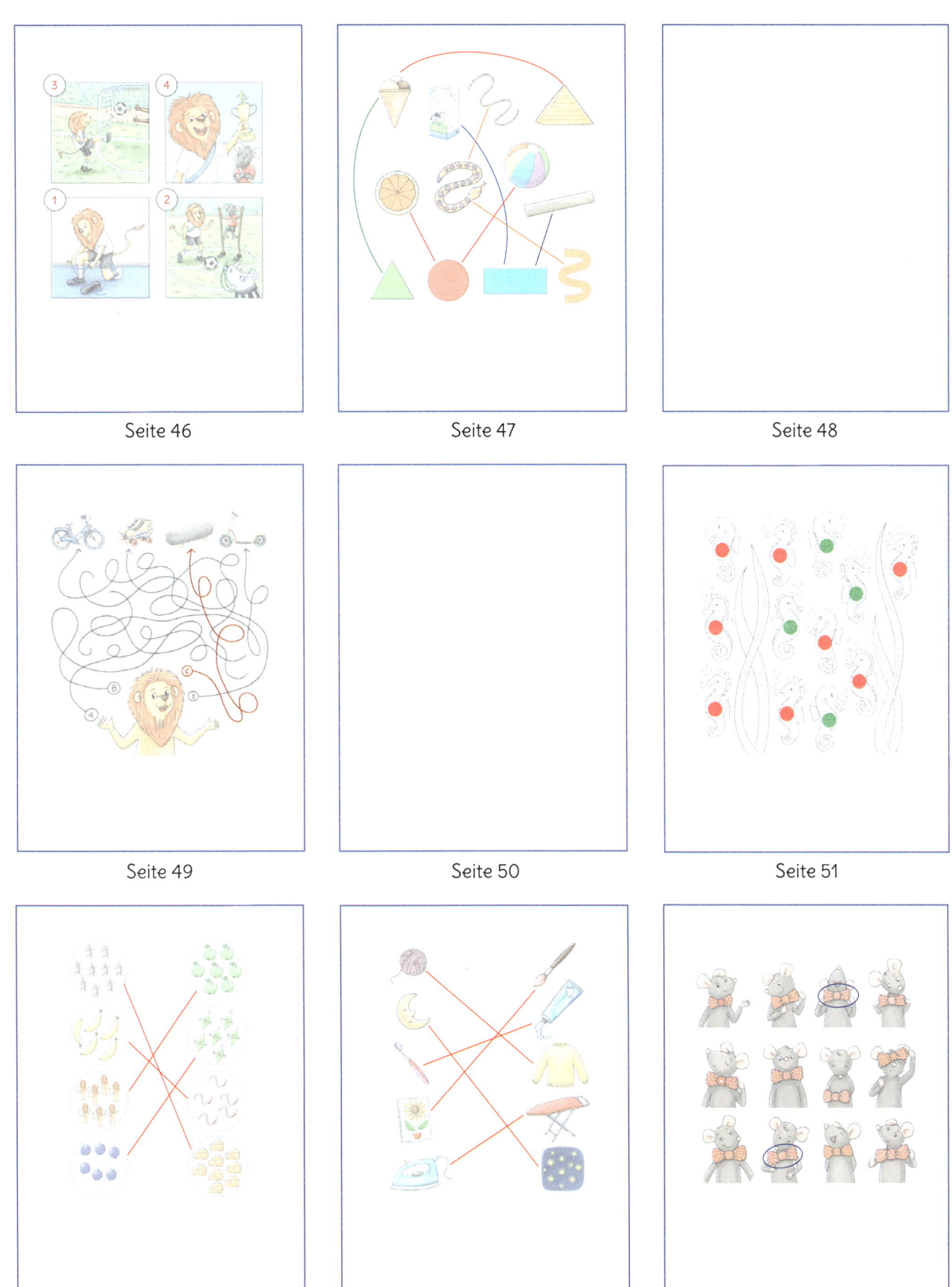

Seite 46

Seite 47

Seite 48

Seite 49

Seite 50

Seite 51

Seite 52

Seite 53

Seite 54

Seite 55

Seite 56

Seite 57

Seite 58

Seite 59

Seite 60

Seite 61

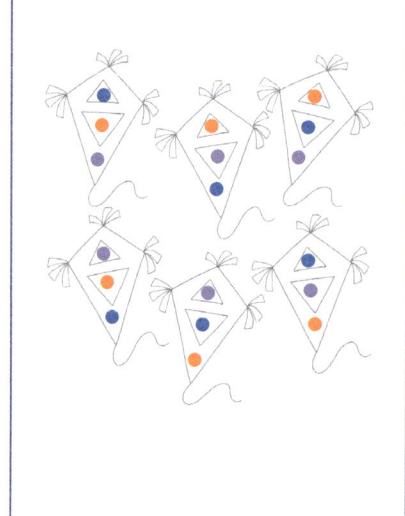

Seite 62

Seite 63

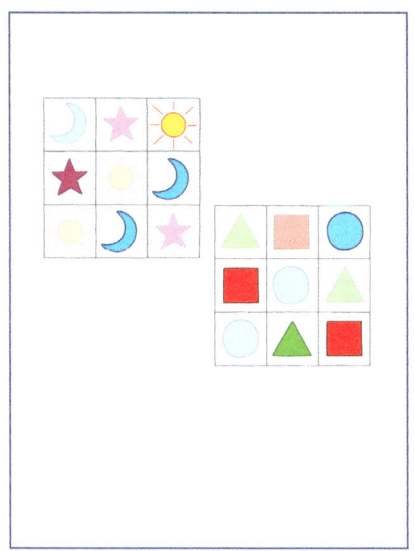

Seite 64

Seite 65

Seite 66

Seite 67

Seite 68

Seite 69

Seite 70

Seite 71

Bibliografische Information der Deutschen Bibliothek

Die Deutsche Bibliothek verzeichnet diese Publikation in der Deutschen Nationalbibliografie; detaillierte bibliografische Daten sind im Internet über http://dnb.ddb.de abrufbar.

1. Auflage 2022
© 2022 Verlag Ernst Kaufmann, Lahr

Illustrationen: Nadine Bougie
Text und Konzept: Kristin Lückel
Druck und Bindung: DZS Grafik
ISBN 978-3-7806-6435-8